Original title: Licht der Frau

Copyright © 2023 Swan Charm Publishing
All rights reserved.

Author: Mirell Mesipuu
Editor: Jessica Elisabeth Luik
ISBN 978-9916-39-327-7

Licht der Frau

Mirell Mesipuu

Strahlen ihres Lächelns

Im Dunkel der Nacht so allein,
Trifft mich ihr Lächeln so fein.
Wie ein Leuchtturm die Flut,
Bringt es mir Hoffnung und Mut.

Sanft bricht es durch den Nebel schwer,
Erhellt die Seelen weit umher.
Es glänzt und spiegelt sich im See,
Das Herz erwärmt sich, wird nicht mehr weh.

In ihrem Lächeln, stets so klar,
Verborgen Botschaften wunderbar.
Die Dunkelheit weicht sanft dem Licht,
Das aus ihrem Antlitz spricht.

Helligkeit der Gefühle

Gefühle hell wie Morgentau,
Erwachen sanft, sind zart und rau.
Sie strömen aus dem Herzen frei,
Schenken Trost und Melodei.

Wie Sonnenstrahlen brechen durch,
Die Wolkendecke, Kummerfluch.
Sie tanzen, lachen, lieben sacht,
Und haben Macht in tiefster Nacht.

Sie leuchten weit in dunkler Zeit,
Sind Anker der Geborgenheit.
In Wärme eingehüllt so voll,
Helligkeit im Herzen – wunderoll.

Sie, die Sonnenstrahlen fängt

Mit ihren Händen greift sie leicht,
Nach Strahlen, die das Dunkel weicht.
Sie webt daraus ein golden Band,
Fängt Sonnenglut mit zarter Hand.

Am Himmel zieht sie Spuren weit,
Mit Sonnenfaden, Zeitgeleit.
Die Wärme fügt sie in das Haar,
Gibt Trost und schimmert immerdar.

Sie webt das Licht in Traumesnetz,
Ein Silberschein umscheint ihr Gesicht.
Gedankenschimmer zart entfacht,
Sie, die hält die Sonne, gibt uns Nacht.

Flimmern in ihren Augen

Tief in ihren Augen, ein Flimmern,
Wie Sterne, die am Himmel schimmern.
Ein Leuchten, das nie ganz vergeht,
Gibt Hoffnung, die stets mit uns geht.

Die Blicke funkeln, lachen leis,
Erzählen Geschichten, bunt und weis'.
Im Glanze ihrer Augen weilt,
Ein Universum, das verzaubert eilt.

Ein Meer von Licht in der Iris verborgen,
Durchflutet die Nacht bis zu den Morgen.
In ihnen spiegeln sich Träume klar,
Das Flimmern hält, was immer wahr.

Sonnentanz in ihrem Haar

Im Morgengrau'n, ein sanfter Schein,
Flüstert durch die Blätter fein.
In ihrem Haar, die gold'ne Pracht,
Tanzt in der Sonnenstrahlen Macht.

Gleißend Licht in Strähnen spielt,
Wie durch die Lüfte Musik zieht.
Jedes Haar gleicht einem Pfad,
Der in das Reich der Träume lad'.

Sonnenfinger zart und warm,
Umarmen leise ihre Form.
Sie steht im Glanze, still erwacht,
Der Sonnentanz in ihr entfacht.

Die Welt scheint nun in Gold getaucht,
Elysium, wie sie es braucht.
In ihrem Haar, der Sonne Tanz,
Von fernem Klang begleitet, ganz.

Funkeln der Euphorie

Am Firmament, so klar und weit,
Ein Sternenmeer in Vollendheit.
Die Nacht entfacht das ew'ge Licht,
Theaterstück, das Himmel spricht.

Fühlen wir des Daseins Glanz,
Im Herzen einen starken Kranz.
Euphorie, wie Feuerwerke,
In uns'rem Innern starke Werke.

Jubelnd springt die Seele auf,
Im Funkeln findet sie den Lauf.
Euphorie, die Freude blinkt,
Ein Gefühl, das lebensfroh winkt.

Zwischen Sternen, Weltenweit,
Erfüllt das Funkeln unsere Zeit.
Das Herz erstrahlt, ist niemals leer,
Im Funkeln der Euphorie, mehr.

Wogen des Lichts

Im Zwielicht tanzen Wogen fein,
Hüllen die Welt in Glanz so rein.
Das Licht bricht sich in Wellen klein,
Umarmt das Land im Dämmerstein.

Durch Bäume bricht sich Sonnenmacht,
In Farbenpracht so sanft erwacht.
Die Wogen spielen mit dem Schatten,
Lassen die Dunkelheit erblassen.

Gold'ne Ströme fließen weit,
Über Wiesen, durch die Zeit.
Stetes Flimmern, zarte Zeichen,
Die an ew'ge Wunder gleichen.

So schweift der Blick, stets Wandersmann,
Am Horizont die Wogenbahn.
Des Lichtes Flut in Strömen klar,
Ein leuchtendes, beständig' Paar.

Sanftes Glimmen

In stiller Nacht, beim sanften Schein,
Da glimmt die Hoffnung zart und klein.
Das Leuchten in der Dunkelheit,
Verspricht die Nähe, Heimeligkeit.

Ein Kerzenlicht auf Fenstersims,
Durchbricht des Mondes kühlen Grimm.
Sanftes Glimmen, ruhig, warm,
Trägt in sich einen tiefen Charm.

Verborgen liegt das zarte Glüh'n,
Das unsre Herzen sanft umzieh'n.
In leisen Schatten spielt das Licht,
Erzählt Geschichten, ein Gesicht.

Wie sich das Dunkel sanft erhellt,
Durch Glimmen, das die Nacht erhält.
Die Welt, sie atmet leis und still,
Beim sanften Glimmen, wie es will.

Mondbeglänzte Zärtlichkeit

Im sanften Schein der Mondesnacht,
Die Sterne funkeln, leis' und sacht,
Die Sehnsucht flüstert durch die Äste,
Als Zärtlichkeit in meiner Feste.

Gedanken schweben ohne Gewicht,
Gefühle zart im Silberlicht,
Der Nachtwind trägt mein stilles Flehen,
Zu dir, wo Fernen uns umwehen.

Die Blätter tanzen, Mondeskind,
In deines Lichtes sanftem Wind.
Die Welt in silbergraues Band,
Von deiner Zärtlichkeit umspannt.

Die Ruhe sinkt aufs Land hernieder,
Des Mondes Glanz, er bringt sie wieder.
In Stille liegt die Zärtlichkeit,
Die mondbeglänzt die Zeit entgleit.

Trägerin des Tageslichts

Erwacht aus milder Dämmerung,
Die Sonne ihre Bahn begunnt,
Sie bricht den Tag, die Nacht entschwunden,
Hat Licht und Leben neu verbunden.

Im Osten nun das Rot erwacht,
Die Trägerin des Lichts voll Pracht,
Mit Strahlen, die den Himmel malen,
Die Dunkelheit wird sanft bezahlen.

Sie steigt empor, bringt Wärme mit,
Durchflutet Flur und Waldesritt,
Die Blumen neigen ihr die Köpfe,
In ihr erwacht des Tages Kräfte.

Die Trägerin in gleißend' Schein,
Lässt all die Welt vergoldet sein,
Am Zenit angelangt im Bogen,
Hat uns der Himmel hochgezogen.

Glänzende Reflexion

Auf Wassers Fläche ruhig, klar,
Der Spiegel trägt die Welt so rar,
Hält glänzend fest den Himmelszelt,
In ihm sich manch Geheimnis spiegelt.

Die Welle spielt, die Welle bricht,
Reflektion im Sonnenlicht,
Verschwimmt in Tönen, bunt und milde,
So malt das Wasser stille Bilde.

Ein Bild, das sich im Fluss verzieht,
Vergänglichkeit im Glanzgebiet,
Doch jede Welle, jede Rille,
Bewahrt den Moment, hält die Stille.

Glänzend zeigt sich die Natur,
Im Wasser wirkt sie sanft und pur,
Die Reflexion, der Stille Lohn,
Verewigt im Moment, dann schon.

Sie, die Strahlen webt

Am Firmament da webt sie leise,
Die Morgenröte, feuerheiße,
In Farbenpracht, ganz unverhohlen,
Hat sie der Nacht den Glanz gestohlen.

Sie zeichnet Strahlen in den Tag,
Verdrängt das Dunkel ohne Zag,
Die Welt erwacht aus tiefem Traume,
Durchflutet von des Lichtes Raume.

Der Horizont in Flammen steht,
Wenn sie am Werke fleißig dreht,
Aus Dämmerung das Licht geboren,
Ein neuer Tag wird neu beschworen.

Sie, die das Dunkle sanft entwebt,
Die Himmelstochter, lichterlebt,
Die Tage malt, die Nächte bindet,
In ihr das ew'ge Werden findet.

Morgenrot der Seele

Im ersten Licht des jungen Tages Glanz,
Das sanft die Dunkelheit zu brechen scheint,
Erwacht die Seele, süßer Träume Kranz,
Der in der Morgenröte Farben meint.

Erleuchtet von des Himmels zartem Band,
Das Rot und Gold am Horizont entfacht,
Ein Hoffnungsschimmer, der das Herz umspannt,
Die Seele atmet auf in neuer Macht.

Die stillen Ängste weichen langsam nun,
Das Morgenrot, es malt die Zukunft klar,
In jedem Strahl erwacht das frohe Tun,
Die Seele fühlt: das Leben ist wunderbar.

Noch schlummert still der Welt belebter Lauf,
Doch in der Brust, da keimt ein Glück herauf.

Lichteinblick

Ein Spalt nur in der Dunkelheit,
Der Lichteinblick, so klein und schmal,
Verspricht die Klarheit weit und breit,
In unsern Herzen Widerhall.

Das flüchtige Spiel von Schatten, Licht,
Es führt uns durch den Nebel vor,
Bis Klarheit sich ins Gesicht gedicht't,
Und unsre Seele sprengt das Tor.

Gedanken, die verirret fanden,
Greifen nach dem Lichtstrahl aus,
Der Führung bietet, sanfte Banden,
Führt sie heim ins Seelenhaus.

So scheint der Lichtblick zwar gering,
Doch gibt er uns die Hoffnung flink,
Und in des Lebens tiefem Ring,
Ist er der Liebe hellster Blink.

Lichterlauf der Zeit

Der Zeitstrom fließt, ergreift das Licht,
Das sich in Wellen bricht und spricht:
Erzählt von Tagen, die verglüht,
Von Stunden, die das Herz durchzieht.

Ein Lichterlauf, von Momenten getragen,
Sich ewig windend durch das Sein,
Vergangenheit in tausend Lagen,
Bedeckt den Weg mit fahlem Schein.

Die Gegenwart in Helle geboren,
Spiegelt den Lauf, den ewigen Schwur,
Von Lichterfäden sanft umfloren,
Zeichnet das Jetzt die Zeitenspur.

Und leise wandert Zukunft ein,
Mit leisem, kaum erahntem Schein,
Im Lichterlauf der Zeit allein,
Lässt sie das Morgen neu erschein'.

Ein Strahl, ihr Lächeln

Ein Strahl, ihr Lächeln bricht die Nacht,
Ein Funke Hoffnung, sanft entfacht,
Es schwingt und singt und ruft so hell,
Ein Echo zart – Gefühle schnell.

Die Seele, die im Dunkeln lag,
Empfindet nun den hellen Tag,
Ihr Lächeln, wie ein Sonnenkeim,
Bringt Wärme in den frost'gen Reim.

Denn wo zuvor noch Trauer schwand,
Erfüllt ihr Licht den leeren Stand,
Es malt das Grau in Farben satt,
Ein Strahl, der Leben in sich hat.

So strömt es fort, durch Raum und Zeit,
Ein Lächeln, das die Herzen weilt,
Und mit der Liebe leises Lied,
Das Glück in unser Leben zieht.

Lichtgesang der Nachtigall

In stiller Nacht, bei Mondenlicht,
Die Nachtigall ihr Lied anbricht.
Sie singt so klar, sie singt so rein,
Ihr Schall durchbricht den Dämmerschein.

Ihr Lied steigt auf in stille Höh'n,
Durchflutet Wälder, Feld und Seen.
Im Sternenglanz, ein Silberstrahl,
Erzählt sie uns vom Lichteszauber, ohne Qual.

Und mit jedem Ton, so zart und lind,
Die Sorgen fliehen, so wie der Wind.
Die Seele lauscht, vergisst die Zeit,
Im Einklang liegt die Ewigkeit.

Lumineszenz der Stille

Tief im Herzen der Ruhe versteckt,
Glänzt still ein Licht, das sanft erweckt.
Ein Leuchten, geboren aus Stille so rein,
Als wär's des Mondes stummer Schein.

Die Nacht webt leise ihr stilles Band,
Lumineszenz spielt über Land.
Flüstert Geheimnisse der Nacht,
Wo Stille ihre Magie entfacht.

In jedem Herzen, verborgen, still,
Ein Funke wartet, zeigt was er will.
Die Lumineszenz der Stille zeigt,
Wie leise Zeit zu Sternen steigt.

Widerschein im Lächeln

Ein Lächeln zart, im Morgenlicht,
Ein Widerschein auf dem Gesicht.
Es bricht sich Bahn durch Trübsal, Schmerz,
Ein heller Schein, der wärmt das Herz.

Es spiegelt sich in anderen Blicken,
Kann Hoffnung in die Seelen schicken.
Ein Funke, der die Nacht erhellt,
Ein stilles Band, das zusammenhält.

Im sanften Glanz des Abendrotes,
Liegt Frieden in den zartesten Geboten.
Das Lächeln, das die Welt umfängt,
Ist wie ein Licht, das Herzen lenkt.

Glühende Auren

Um jedes Wesen, leuchtend, klar,
Eine Aura, sichtbar nur von nah.
Glühende Farben, ein leises Fächeln,
Umspielt von des Lebens zartem Lächeln.

Sie flüstern Lieder von alter Kraft,
In jedem Atemzug, in jeder Schaft.
Ein Strahlenkranz, so warm und licht,
Erzählt Geschichten, die nur das Herz verspricht.

Im Einklang mit dem Sein so bunt,
Zeigt sich die Aura, rund und gesund.
Ein leuchtend Band, das Leben umspinnt,
In Glut getaucht, wo Wege beginn'.

Lichtflügel der Muse

Auf sanften Schwingen, leise, fein,
So schwebt sie ein, die Muse mein.
In meinem Herzen, licht und klar,
Erweckt sie Worte, wunderbar.

Mit zartem Hauch und lichtem Klang,
Gibt sie den Versen ihren Schwang.
Die Silben tanzen, formen Sätze,
Bilden aus Schatten lichte Netze.

Des Dichters Geist, von ihr berührt,
Der flücht'gen Schönheit Bild erführt.
So trägt sie ihn auf Lichtes Flügel,
Durch Nacht zur Morgenröte Hügel.

Ihr Schein verklärt das Dunkel sacht,
Im stillen Wechselspiel der Macht.
Die Muse wacht mit lichten Schwingen,
Lässt Dichterherzen höher springen.

Durchbruch des Lichtes

Wenn durch das Dunkel bricht das Licht,
Sieht man die Welt im neuen Sicht.
Es bannt die Nacht in sanfter Zwist,
Wo Schatten fliehn, das Licht nun ist.

Von fernen Sonnen weit getragen,
Erreicht sein Strahl die dunklen Tagen.
Es malt am Himmel feine Streifen,
Lässt in das Grau die Farben schleifen.

Durchbroch'ne Nacht, der Tag erwacht,
Mit voller Pracht und neuer Macht.
Das Licht, es bricht, es macht sich Bahn,
Und zeigt uns Wege, hell und klar.

Es nimmt die Furcht, gibt Hoffnung Raum,
In jedem Haus, in jedem Raum.
So feiert jeder Lichtes Kunde,
Und schätzt die Wärme dieser Stunde.

Zarte Helle des Seins

Ein sanftes Leuchten, kaum gedacht,
Füllt leise den Raum mit weicher Macht.
Es zieht durchs Sein, durchdringt die Zeit,
Die zarte Helle, weit und breit.

Im Hier und Jetzt, im Sein so rein,
Findet das Herz den klaren Schein.
In jedem Atemzug, so licht,
Berge ich Hoffnung im Gesicht.

Die Stille summt ihr helles Lied,
Das durch die Seeles Räume zieht.
In jedem Klang, in jedem Ton,
Schwingt Mitgefühl und Lieb' im Son.

So wird das Sein, so zart erhellt,
Als wär's ein lichter Sternenzelt.
Es trägt die Stille, weich und fein,
Die zarte Helle, ins Dasein.

Sie trägt das Morgenlicht

Mit leisen Schritten bricht der Tag,
Sie trägt das Licht, ohne Verzagt.
Am Horizont, so rosig warm,
In ihren Händen, Morgens Charm.

Sie spannt den Himmel weit und klar,
Und malt die Wolken wunderbar.
Im ersten Licht, so frisch und rein,
Mag jeder Schritt ein Tanzschritt sein.

Die Vögel singen, fliegen aus,
Sie folgen ihr, dem Licht voraus.
Die Welt erwacht in gold'nem Schein,
Sie trägt das Morgenlicht so fein.

Das Grau der Nacht weicht ihrem Strahl,
Sie malt den Tag in bunten Wahl.
So hält sie fest den neuen Morgen,
Verspricht uns Licht, frei aller Sorgen.

Durchlichtete Schatten

Schatten flüstern leise Lieder,
Zarte Tänze im Mondenschein.
Durchlichtet von Sternen nieder,
Weben sie ins Dämmer ein.

In der Nacht, wo Träume fliegen,
Sanft vom Dunkel wird umhüllt.
Lichter Schatten sich verbiegen,
Ebenbilder sanft und still.

Flüsternd künden sie von Zeiten,
Wo das Licht die Nacht erhellt.
Im Dunkel stets die Wahrheit leiten,
Schattenbilder, lichterfellt.

Schweigend teilen sie das Dunkle,
Mit dem Lichte Hand in Hand.
Schattenspiel, ein leises Funkeln,
Zeichnet Wege ins Sternenland.

Sternschnuppenherz

Himmelwärts, in dunkler Klärung,
Glitzern Träume, kühn und zart.
Ein Herz, im Fluge der Erwägung,
Von der Nacht sanft umgefahrt.

Jede Sternschnuppe, ein Wunsch,
Durch die Himmelssphäre bricht.
Funkeltief im Herzenssprung,
Ein Gefühl, das leise spricht.

Tränen der Sterne, so rein,
Malen Sehnsucht in das Herz.
Lassen es nicht einsam sein,
Mildern liebevoll den Schmerz.

So fliegt es weiter, schwerelos,
Ein Sternschnuppenherz im Flug.
In der Unendlichkeit groß,
Hinterlässt es warmen Zug.

Im Schein der Mitternacht

Mitternacht, der Mond erwacht,
Silbern legt er auf die Welt.
Einen Schein, der leis' entfacht,
Nächtens Sicht auf Sternenfeld.

Wispernd spricht die Dunkelheit,
Flüsternd in des Mondes Ohr.
Erzählt von alter Zeit,
Schauerlich, doch wunderbar.

Sterne tanzen, froh im Reigen,
Zeit scheint still zu stehn für Stunden.
Nachtigall wird sachtig schweigen,
Wenn die Geisterstund' gefunden.

Im Schein der Mitternacht vertrieben,
Seelenruh' und Träumerei.
Was darf bleiben, was soll schieben,
Flieht vor des Tages Lerei.

Herzleuchten

In stiller Brust verborgen,
Ein Leuchten warm und klar.
Das Herz trägt alte Sorgen,
Doch Licht bleibt immerdar.

Die Schimmer unterm Sternenzelt,
Erhellen sanft die Nacht.
Ein Herz, dass leuchtet in die Welt,
Hat stets das Dunkel sacht.

Nicht in der Ferne, nah so sehr,
Das Leuchten tief in dir.
Lass es frei, es wirkt so sehr,
Öffnet Tore hier.

Herzleuchten, stille Pracht,
Brich durch des Zweifels Wall.
Trag Hoffnung durch die Nacht,
Dein Leuchten, überall.

Silhouetten des Glücks

Im Dämmerlicht der Hoffnung steh'n,
Silhouetten sanft im Wind,
Sie flüstern leise, kaum zu seh'n,
Von Glück, das wir oft blind.

Gestalten tanzen, Hand in Hand,
Ein Schattenreigen, zart entfacht,
Sie zieh'n uns in ihr Zauberland,
Wo Stille lächelnd uns erwacht.

Vorbei die Sorge, stumm der Schmerz,
Die Silhouette liebkost die Seele,
In jedem Umriss findet das Herz,
Den Frieden, der die Wunden heile.

Bis schließlich das letzte Licht vergeht,
Und Dunkelheit die Nacht durchwebt,
Doch in uns Glück als Flamme steht,
Im Schattenriss, der stille lebt.

Goldene Stunden

Goldene Stunden, sie fließen wie Sand,
Durch die Finger der Zeit, zart und unbekannt.
Sie malen Momente in warmes Licht,
Geben dem Dasein ein weiches Gesicht.

Ein Wohlgefühl, das den Tag erhellt,
Ein Lächeln, das leise die Welt umstellt.
Im Glanze der Stunde, so flüchtig und rein,
Möcht' ich ewig verweilen, im Sonnenschein.

Das Herz schlägt im Takt der vergoldeten Zeit,
Mit jedem Moment verfliegt die Heiterkeit.
Doch festgehalten in Erinnerung klar,
Bleibt die Stunde golden, jahr für Jahr.

Wenn Schatten dann die Erde küssen,
Die goldenen Stunden, wir oft vermissen,
Doch ihr Schimmer bleibt in uns wach,
Ein Schatz, den uns kein Schicksal brach.

Helle Gedanken

Helle Gedanken, Lichtgestalten,
Durchziehen den Verstand,
Sie helfen uns, zu verwalten,
Was bleich war und fand.

Wie Sterne am nächtlichen Himmelszelt,
Erhellen sie den dunklen Raum,
Verbannen Zweifel aus der Welt,
Und weben aus Hoffnung einen Traum.

Aus Worten bauen sie Brücken weithin,
Über Schlünde des Zögerns hinweg,
Geben dem Leben neuen Sinn,
Machen den Geist frei und beweglich.

Gedanken, die uns in die Ferne tragen,
Hinaus, wo nur Verstand mag reisen,
Sie schenken uns Antworten auf Fragen,
Und lehren uns, das Leben zu preisen.

Klarheit im Chaos

Klarheit im Chaos, ein fester Stand,
Im Wirbelwind der stürmischen Zeit,
Ein ruhiger Blick, eine klare Hand,
Führen durch das Dickicht der Unwägbarkeit.

Gedankenströme fließen ungezügelt,
Streben nach Ordnung in wilder Flut,
Doch bleibt der Geist unbeeindruckt,
Findet den Weg mit Mut und Gut.

Aus dem Labyrinth der zahllosen Fragen,
Zeigt Klarheit uns den roten Pfad,
Lässt Wankende nicht länger zagen,
Bringt Stille in des Zweifels Stadt.

Selbst wenn die Welt in Stücke bricht,
Die Klarheit bleibt, sie zittert nicht,
Ein Licht, das leuchtet im Gedräng,
Und Ordnung schafft im Chaosenger.

Scherenschnitt des Tages

Am Horizont ein Feuerwerk,
Ein Tanz von Dunkel und von Licht.
Die Welt in stiller Ruh versteckt,
Ein Scherenschnitt im Dämmerlicht.

Der Tag schließt seine müden Augen,
Der Abend malt die Schatten lang.
Silhouetten, wie zarte Hauche,
Verschmelzen im Zwielichtsang.

Die Bäume strecken ihre Arme,
Wie Adern in das Abendrot.
Sie halten fest die letzten Warme,
Bevor die Nacht das Licht umfloh.

Und Sterne wachen sacht hernieder,
Der Scherenschnitt wird sanft bedeckt.
Die Stille singt ihre Lieder,
Bis neuer Morgen sich erstreckt.

Lichtermeer in ihr

In ihren Augen funkelt leise
Ein Meer von Lichtern, Sterne weisen.
Die Tiefe blickt, ein leuchtend' Reise,
Wo Sehnsucht kann zu Liebe eisen.

Die Wellen spiegeln Mondesschein,
Gedanken wie Perlen tauchen auf.
Ein Funkeln bricht sich sanft und fein,
In jedem Blick, in jedem Lauf.

Sie trägt das Lichtermeer in sich,
Ein Universum weit und klar.
In ihrem Strahlen zeichnet sich,
Die Hoffnung, die so greifbar war.

Ein Ozean aus Träumen wach,
Mit jedem Lächeln lichtdurchflutet.
In Liebe findet sich die Bach,
Die in ihr Lichtermeer gemutet.

Oasen des Strahlens

In Wüsten aus des Lebens Staub,
In Nächten, die kein Ende nehmen.
Da blüht, versteckt, in Glaubenstreu,
Eine Oas', lässt Strahlen säumen.

Der Sand, er glitzert golden schier,
Das Leben flüstert leis' in Palmen.
Oasen des Strahlens in uns hier,
Wie sanfte, kühlend' Balsamalmen.

Die Quellen sprudeln frisch und klar,
Ein Trank aus reiner Energie.
Es ist, als ob, was unwägbar,
Erhellt wird vom Lichte der Harmonie.

Wir finden unter Sternenzelt,
Das Leuchten, das im Herzen spricht.
Und jeder Strahl, der Freude hält,
Ist in der Oase ein Gesicht.

Perlen des Lichts

Wie Perlen reihen sich die Tage,
An Schnüre des Bestehens an.
Und manche schwer, voll Kummer, Plage,
Doch manchmal perlt ein Glück heran.

Die Sonne wirft ihr Lächeln nieder,
Die Perlen glänzen bunt und klar.
Ein Regenbogen, immer wieder,
Sein Farbenspiel, so wunderbar.

Wir sammeln auf die lichten Perlen,
In unser Leben, fest verwoben.
Lassen uns von Freude herzen,
Wenn Lichter sich am Himmel toben.

Und in der Nacht, im Mondenschein,
Sehn wir die Perlen des Lichts so rein.
Sie flüstern sanft: 'Du bist nicht allein',
Wenn Finsternis wird wieder sein.

Kaskaden des Lichts

Wie Wasserfälle strömt es nieder,
Leuchtend in des Morgens Glanz,
Durch die Blätter sanfte Lieder,
Perlend in des Tages Tanz.

In Strömen fließt das helle Werden,
Über Felsen, steil und karg,
Erhellend dunkelste der Erden,
Ein strahlend, reiner Lichterbarg.

Und in der Dämmerung so leise,
Berührt das Licht der Sterne Bahn,
Es tanzt in nächtlich stiller Weise,
Bis es im Morgentau zerrann.

Sonnenflut im Antlitz

Die Sonne sinkt, das Antlitz glüht,
Vergoldet Haut und Haare,
In jedem Blick das Feuer blüht,
Des Abends letzte Wahre.

Im Angesichte weiches Licht,
Die Welt in Gold getaucht,
Es bricht sich in dem Blick, der spricht,
Von Tagen, die verhaucht.

Die Schatten lang, die Erde still,
Die Sonnenflut versiegt,
Ein sanfter Hauch, der bleiben will,
Bevor der Tag sich neigt.

Das Antlitz trägt die Wärme fort,
Bis in die sternenklare Nacht,
Im sanften Sonnenlichterport,
Hat der Tag sein Werk vollbracht.

Durchlichtete Gefühle

Gefühle, lichtdurchdrungen zart,
Ein Weben in der Brust,
Gedanken, die im Stillen fahrt,
Verborgen noch die Lust.

Lichtstrahlen, die das Herz berühren,
Erwärmen, was einst kalt,
Die Schatten sanft zum Tanze führen,
In hellem Farbengralt.

Von innen leuchtend Stärke zeigt,
Wenn Liebe durch die Poren steigt,
Erhellt es die Gedanken,
Die in Dunkelheit versanken.

Durchlichtete Gefühle rein,
Im klaren Lichte sich entfalten,
Mögen stets im Leben sein,
Wie Sterne in der Nacht erstrahlen.

Lichte Flüsternacht

Wenn Flüstern durch die Lüfte zieht,
Die Nacht im Sternenlicht erglüht,
Dann singt die Welt ein leises Lied,
Von einem Zauber, der nie flieht.

Das Mondlicht auf den Wiesen spielt,
Ein Silberglanz, der sanft verteilt,
Der jeder Blüte Farben leiht,
In dieser stillen Flüsternacht.

Die Blätter rascheln sacht im Wind,
Als flüsterten sie ganz geschwind,
Von Träumen, die im Dunkeln sind,
Ein lichtdurchwobner Kindertraum beginnt.

Lichte Flüsternacht so rein,
Schenke uns dein süßes Sein,
In deinem leisen, hellen Schein,
Lass uns ganz geborgen sein.

Leuchten der Hingabe

In den Tiefen des Herzens verborgen,
Leuchtet ein Licht, zart und sacht
Wie Sterne in klaren Sommernächten,
Voller Hingabe, durch die Nacht.

Die Seele spricht in sanften Tönen,
Das Herz, es schlägt im Gleichklang mit,
Jeder Schlag eine liebliche Melodie,
Ein Lied von Leidenschaft, kein Lied von Witz.

Mit jedem Atemzug, so rein und klar,
Trägt sie die Liebe in ihrer Glut,
Ein inneres Leuchten, stark und wahr,
Das Leben prägt mit Hingabemut.

In stillen Momenten, so schwerelos,
Spürt man die Wärme, die sie schenkt,
Ein ewiges Feuer, entflammend groß,
Das in die Seele des anderen lenkt.

Strahlender Lebensfunke

Ein Funke springt, ein Licht entfacht,
Durchströmt das Dunkel mit seiner Macht,
Ein Lebenszeichen, kraftvoll und rein,
Strahlend hell soll sein Schein.

Er wärmt die Seele, gibt ihr Mut,
Macht auch das Bittere wieder gut,
Ein leises Murmeln in der Stille,
Bebend wie das Schilf am Hügel.

Unsichtbar und doch so präsent,
Gibt der Funke dem Sein die Wänd,
Er glimmt, er lodert, nimmt seinen Lauf,
Und am Horizont geht die Sonne auf.

Er ist in uns, ein jeder Funken,
Hat tiefe Wurzeln, niemals gesunken,
Ein strahlend Licht im Herzen drin,
Lebenskraft, die niemals zerrinnt.

Leitstern ihrer Träume

Ein Stern, der in der Nacht erstrahlt,
Wegweiser, der die Träume malt,
Sie folgt ihm sanft durch finstre Zeiten,
Ein leuchtend Ziel, das sie will leiten.

Er zieht sie an, so unbeschreiblich,
Ein Wunschtraum, doch erreichbar scheint er,
Tanzend zwischen Wolken ziehet,
Hoffnungsvoll stets vorwärtsschreitet.

In ihrem Herzen birgt sie Bilder,
Die ihr der Leitstern zeichnet wilder,
Jeder Strich ein Teil der Wege,
Die Träume weben, dicht wie Hecken.

Hinauf zum Himmel blickt sie still,
Verlieren kann sie sich im Will,
Folgt ihrem Leitstern, helle Scheine,
Der ihr weist die Pfade, keine Peine.

Aura der Güte

Mit einem Lächeln, sanft und leicht,
Ein Herz, das Güte vor sich zeicht,
Es strahlt hinaus in diese Welt,
Die Aura klar, die alles hält.

Die Augen funkeln, reinstes Glück,
Eine Seele gibt und erntet Stück für Stück,
Güte, die sich ausbreitet weit,
Mitgefühl in jeder Zeit.

Sie schreitet vor, in jeder Geste,
In ihr lebt die Liebe, keine Peste,
Ein Ausdruck, so ehrlich und so gut,
Tröstet sanft, gibt neuen Mut.

Ihr Wirken still, es bleibt nicht unentdeckt,
Hat manch harte Rinde aufgebrochen,
Denn wo sie hintritt, keimt das Rechte,
Eine Aura der Güte, leise gesprochen.

Leuchtfeuer der Weisheit

In dunkler Nacht so klipp und klar,
Ein Leuchtfeuer weist, es ist wahr.
Durch finstere Zeiten führt sein Schein,
Weisheit strahlt hell und wird unser Sein.

Auf Meeren des Zweifels, tief und groß,
Die Wärme des Wissens gibt uns bloß.
Jeder Gedanke wie ein Funke glänzt,
Der Turm der Erkenntnis, der uns kränzt.

Durch Sturm und Wogen bricht es Bahn,
Es erleuchtet die Geister, jeden Mann.
Im Leuchten der Weisheit, wahr und rein,
Finden wir unseren Weg, ganz allein.

Gedanken sind Schiffe in der Nacht,
Der Leuchtturm ruft, hat Macht erwacht.
Er lenkt uns sanft durch stürmische Zeit,
Bis zum Hafen der Klarheit weit und breit.

Wärme ihres Wesens

Ihr Lächeln, sanft, es streift das Herz,
Ein zarter Hauch, vertreibt den Schmerz.
Die Wärme ihres Wesens, flüsterleise,
Wie Sonnenstrahlen auf der Reise.

Sie spricht, und Worte fließen mild,
Erwärmen die Seele, zart gestimmt.
In ihren Arm, wächst die Hoffnung bald,
Geborgen im Hafen, von Liebe umstimmt.

Ihre Gegenwart wie ein Feuer warm,
In kalten Tagen, ein steter Arm.
Die Zuflucht in ihr Lächeln gebettet,
Ein sicherer Ort, zärtlich umkettet.

Ein Herz so groß, von Liebe durchdrungen,
Ihr Wesen wie Wärme, um uns gesungen.
Durch dunkle Nächte, wird sie zum Stern,
Ein ewiges Leuchten, ich hab es gern.

Spiegel des Mondes

Der Mond am Himmel, voll und klar,
Spiegelt in Teichen, nächtlich dar.
Sein Antlitz ruhig, ein stilles Bild,
Der Nachtgesang, so zart und mild.

Er zeichnet Pfade aus Silberlicht,
In dunkler See, sein Gesicht.
Spiegelnd Weisheit, alt und weise,
Durchbricht die Dunkelheit auf seine Reise.

Wie der Mond die Sterne um sich sammelt,
In seinem Spiegel die Zeit verweilt.
Erzählt Geschichten, die nur die Nacht kennt,
Ein Beobachter, der das Dunkel lindert, entspannt.

Ein stiller Zeuge der Ewigkeit,
Trägt er Geheimnisse weit und breit.
Im Spiegel des Mondes, klaren Schein,
Werden auch wir uns selbst erkennen, allein.

Schimmernde Hoffnung

Ein Lichtstrahl bricht durch Wolkenzorn,
Erwacht am Horizont, der Morgen neu geborn.
Schimmernde Hoffnung keimt im Herzen auf,
Wie Tau am Morgen, Natur nimmt ihren Lauf.

In dunklen Zeiten, wenn der Mut entweicht,
Ein ferner Schimmer am Himmel erbleicht.
Sendet ein Zeichen, still und fein,
Hoffnung und Liebe, sie dürfen sein.

Ein Funke Glanz in der dunklen Nacht,
Hat oft die größte Veränderung gebracht.
Aus schwachem Schimmern, wird helles Licht,
Wenn Hoffnung ihre Flügel bricht.

Am Ende des Tunnels, das Licht so klar,
Leuchtet die Hoffnung, sie ist da.
Durchbricht den Schatten, gibt uns Macht,
In tiefster Dunkelheit, Hoffnung wacht.

Scheinbare Ewigkeit

In stillen Momenten, so zeitlos und rein,
Wir fühlen die Ewigkeit, klein und allein.
Die Welt dreht sich weiter, doch hier steht sie still,
Ein Augenblick lingers, der ewig sein will.

Die Sterne, sie tanzen in scheinbarer Ruh,
In nächtlichen Stunden versprechen sie zu.
Versinken in Träumen, die nie enden mägen,
Ein Flüstern der Zeit, das wir kaum zu erfragen.

Die Wellen umspülen den endlosen Strand,
Die Gedanken, sie schweifen ins unbekannte Land.
Ein Pulsieren des Lebens in jeder Sekunde,
Eine scheinbare Ewigkeit, die wir hier fanden.

Im Herzen ein Echo, in der Seele viel Licht,
Das Leben, es flüstert, vergiss mich doch nicht.
Scheinbare Ewigkeit, in der Stille geborgen,
So bleiben wir still, bis zum Erwachen am Morgen.

Entflammte Silhouette

Am Horizont, da zeichnet sich ab,
Eine Silhouette, bezaubert stets lab.
Die Sonne sinkt nieder, entflammt den Kontur,
Ein Schattenbild tanzt in der Dämmerung Spur.

Die Ränder so scharf in der untergeh'n Sonne,
Ein Spiel zwischen Licht und der Dunkelheit Wonne.
Ein Bildnis erwacht, in Glut eingefangen,
Entflammte Silhouette, von Sehnsucht verlangen.

Die Farben, sie wechseln von Purpur zu Gold,
Die Schönheit, sie spielt mit dem Licht, unverhohlt.
Ein Feuerwerk schmückt den beginnenden Abend,
Ein Tanz der Konturen, so kühn und so labend.

In Schatten gehüllt, doch im Inneren brennt,
Die Leidenschaft, die jeder von uns gut kennt.
Entflammte Silhouette, in Träumen gefasst,
Bis endlich die Nacht ihren Schleier drauf lässt.

Lichtblicke im Alltag

Ein Lächeln, so zart, in der Morgenstund,
Ein Lichtblick im Alltag, gesund und munt.
Ein Gruß von der Seele, freundlich und klar,
Ein Augenblick, der macht das Einfache wahr.

Die Blume am Wegrand in voller Blüt,
Ein Lichtblick, der in der Eile behüt.
Die Sonnenstrahlen durchbrechen das Grau,
Ein Bild voller Farben, hoffnungsvoll und genau.

Ein Lachen von Kindern, so frei und so echt,
Ein Lichtblick, der den Alltag aufbricht, recht.
Ein Moment der Ruhe, in Hektik so selten,
Eine Oase der Stille, in der wir innehalten.

Die kleine Geste, die Wärme schafft,
Ein Lichtblick im Alltag, mit menschlicher Kraft.
Der freundliche Blick in der Menschenflut,
Ein Hoffnungsschimmer, der alles gut tut.

Flackernde Seelenflamme

Tief im Innern, verborgen und schmal,
Lodert behutsam die Seelenflamme fahl.
In Momenten der Freude, hell auflodernd wild,
In Zeiten der Trauer, wie ein Kind so mild.

Flackernd im Winde, der Schicksale weht,
Die Seelenflamme, die stets besteht.
Umspielt vom Leben, mitunter so kalt,
Doch im Kern jener Flamme, da glänzt es, so alt.

Es tanzt in den Augen, es spricht aus dem Blick,
Die Seelenflamme, ein lebendiges Geschick.
In der Dunkelheit leitet, ein funkelnder Schein,
Ein Versprechen auf Wärme, niemals allein.

Ein Funke des Lebens, in jedem von uns
Erhellt die Pfade, gibt den Ton und den Kurs.
Die flackernde Seelenflamme, flüchtig und klar,
Ein ewiges Leuchten, in uns, wunderbar.

Ungezähmtes Leuchten

In der Nacht so kalt und klar,
Ein Funke springt, so wunderbar.
Sterne tanzen, wild entfacht,
Ungezähmtes Leuchten in der Nacht.

Flüstern des Windes, trägt es weit,
Eine Botschaft alter, goldner Zeit.
Durch Dunkelheit bricht hell der Schein,
Verspricht uns niemals ganz allein.

Leise rieselt auf die Welt,
Ein Strahl, der Wärme mit sich hält.
Frostige Schatten weichen sacht,
Vor der Kraft des feurigen Prachts.

Wogen der Nacht, sie branden schwer,
Doch das Licht, es trotzt dem Meer.
Unermüdlich, stets im Flug,
Ungezähmtes Leuchten, das nie genug.

Lichtzauberin

Mit Fingern zart, webt sie das Licht,
Die Zauberin, ihr Antlitz schlicht.
Jeder Strahl, ein zarter Kuss,
Der sich legt ins Dunkel, mit sanftem Gruß.

Sie tanzt im Einklang mit dem Glanz,
Ein harmonisches, strahlendes Tanz.
Der Mond hält inne, schaut verwundert zu,
Wie sie spinnt die Strahlen, ohne Ruh.

Ihre Augen funkeln, voll Magie,
Sie webt den Glanz der Galaxie.
Ein Leuchten, das den Raum durchbricht,
Sie, die Hüterin des ewigen Lichts.

Mit jedem Schritt, den sie behände nimmt,
Die Dunkelheit ein wenig mehr verrinnt.
Lichtzauberin, in Ewigkeit,
Dein Werk, es strahlt in alle Zeit.

Lichtbrücke über Abgründe

Ein Strahl, der sich in die Tiefe wagt,
Ein Pfad, der über Abgründe tragt.
Lichtbrücke, fest und doch so zart,
Schwebend trägt sie, voll Anmut, voll Halt.

Durch die Schwärze, ein Silberstreif sich webt,
Hoffnung, die in jedem Herzen lebt.
Kühn verbindet, was getrennt,
Ein Weg, der durch des Zweifels Nebel brennt.

Angst und Sorge, weit dahinten,
Wo die Brücke beginnt, dort wo wir sinden.
Schritt für Schritt auf unsichtbaren Pfaden,
Glaube trägt uns, in sicheren Graden.

Lichtbrücke, über Schlünde weit,
Du führst uns durch die Dunkelheit.
Dein Schein, so klar, so hell, so rein,
Möge stets unser Wegweiser sein.

Farbenspiel des Lebens

Rot des Mohns im Feldes Grün,
Ein Farbenrausch, fast zu schön.
Lebenslust, in Tönen laut,
Ein Bild, das in die Seele schaut.

Gelb der Sonne, warm und hell,
Färbt den Tag, macht Herzen schnell.
Lebensfreude, pur und licht,
Ein Farbentanz, der Schatten bricht.

Blau des Meeres, Weite, Raum,
Wie ein tiefer, ew'ger Traum.
Lebensreise, still und weit,
Ein Farbenflug in die Unendlichkeit.

Grün der Wälder, Leben pur,
Natur im ewigen, sanften Schwur.
Lebenskraft, so frisch und frei,
Ein Farbenspiel, das uns leiht Geleit.

Glanzvoller Auftritt

Im Ballsaal schreitet sie daher,
Mit Grazie und Stolz so sehr.
Glanzvoller Auftritt, Raum hält Atem an,
Jedes Auge fängt ihren Zauber dann.

Das Kleid umspielt den Boden leicht,
Juwelen funkeln, Sterne weicht.
Ein Lächeln ziert das Antlitz klar,
Sie, die Königin der Nacht, wahr.

Die Musik beginnt zu spielen sanft,
Jeder Schritt im Takt, nicht abgekanft.
Der Glanz in ihren Augen spricht,
Sie tanzt durch die Nacht, dem Morgenlicht entgegen,
keck und schlicht.

Zuletzt der Saal verblasst im Schein,
Doch ihr Glanz bleibt ewig rein.
Die Erinnerung an diesen Auftritt zart,
Bewahrt im Herzen, ein unvergänglich' Art.

Lichtkreis um sie

Ein Lichtkreis um sie, sanft und licht,
Sie steht im Zentrum, das Gesicht.
Ein Strahlen, das den Raum erfüllt,
Die Dunkelheit um sie herum verstummt und stillt.

In ihrem Blick, ein Universum weit,
Verstreut die Sterne, in Ewigkeit.
Der Schein umhüllt sie, zart und weich,
Ein Hauch von Unendlichkeit erreicht.

Kein Schatten trübt das Bild so klar,
Im Lichtkreis steht sie, wunderbar.
Ihr Herz, es ruht in stiller Pracht,
Im leisen Glanz der Sterne Nacht.

Die Welt um sie, ein sanfter Traum,
Sie, die Mitte, fest und kaum.
Berührt vom Licht das sie umgibt,
In Schönheit, die im Stillen bliebt.

Erleuchtete Pfade

Erleuchtete Pfade, weisen die Wege,
Durch den Wald, wo das Dunkel sich lege.
Das Mondlicht bricht sich in schimmernden Strahlen,
Lädt uns ein, die Nacht zu bemalen.

Jeder Schritt, eine Melodie im Raum,
Ein Tanz zwischen den Bäumen, ein Traum.
Die Pfade führen durch die Stille der Nacht,
Voll Geheimnis und Zauber, sacht entfacht.

Über Wurzeln und Steine, der Weg sich windet,
Folgen dem Licht, das sanft verbindet.
Die Dunkelheit weicht, wo die Pfade leuchten,
Leise Geschichten in die Nacht verfeuchten.

Fern das Echo, das die Stille durchbricht,
Erleuchtete Pfade, ein versprechendes Gedicht.
Sie führen uns zu unentdeckten Gründen,
Wo Wahrheiten und Träume sich verbinden.

Kerzenschein im Wind

Kerzenschein im Wind, ein flackerndes Spiel,
Zart bewegt, einem Seufzer gleich am Ziel.
Die Flamme tanzt, in der Dunkelheit ein Licht,
Ein kleiner Trost, der die Schatten bricht.

Der sanfte Schein, er wärmt die Nacht,
Hält um uns wach die stille Wacht.
Das Wachs tropft langsam, formt den Grund,
Eine Geschichte erzählt, in stiller Rund.

In jedem Funken, ein Hoffnungsstrahl,
Kämpft gegen den Wind, in jedem Qual.
Doch hält die Flamme standhaft aus,
Verbreitet Wärme, weit hinaus.

Wie Lebenslieder, sanft geflüstert,
Der Kerzenschein, vom Winde geküsstert.
Er leuchtet weiter, durch Zeiten weh,
Ein stilles Leuchten gegen die See.

Reflexion der Liebe

Die Herzen im Einklang, leise, ganz nah,
Der Klang der Liebe, wunderbar.
Wie zwei Spiegel, gegenüber und klar,
Reflektieren sie das Gefühl, wie es war.

An deiner Seite, durch die Zeit,
Ein Gefühl das keinen Raum, keine Ewigkeit kennt.
In der Reflexion, die Liebe weit und breit,
Ein unendliches Band, das nie verbrennt.

Im Spiegel der Augen, tief und echt,
Liebe zeigt sich, zart und gerecht.
Ein Abbild der Seelen, in Liebe bedacht,
Von milder Wärme und Zärtlichkeit umbracht.

Liebe, die in Reflexionen lebt,
Wird durch Gefühle und Worte belebt.
Ein Echo der Herzen, in Stille gegeben,
Im Spiegel der Liebe, ist unser Leben.

Lichterglanz im Geiste

Ein Funke im Dunkeln, er leuchtet so klar,
Ein Lichterglanz im Geiste, so wunderbar.
Erleuchtet Gedanken, die vorher so grau,
Gibt Hoffnung und Stärke, baut innere Schau.

In Momenten der Stille, so tief und so rein,
Glänzt ein Licht in der See, der Seele allein.
Mit jedem Gedanken, strahlt es weiter,
Erhellt den Geist, macht ihn heiter.

Inspiriert von Träumen, von Leben und Spiel,
ist Lichterglanz im Geist das ewige Ziel.
Ein sanftes Leuchten, in uns entfacht,
gehüllt in die Magie der sternklaren Nacht.

So leuchte, mein Geist, und verliere nie dein Glanz,
Erhelle die Schatten, jeden Tag, jeden Tanz.
Im Lichterglanz gefunden, ist stets ein neuer Start,
Ein leuchtendes Ende, der Seele Kunst und Part.

Flüstern des Lichts

Leise, das Flüstern des Lichts in der Nacht,
Ein zarter Hauch, der den Mond erwacht.
Es tanzt auf den Wogen, spielt mit dem Wind,
Ein Tanz der Stille, sanft und gelind.

Gedämpfte Schatten, vom Licht berührt,
Mit jedem Flüstern, ein Traum geführt.
Es webt durch Zweige, es schwingt durch Gräser,
Im Flüstern des Lichts, werden Träume zu Bässer.

Es spricht von Hoffnung, flüstert vom Tag,
Von Sonnenaufgängen, die jeder mag.
Erinnerungen, in Licht getaucht,
In seinem Flüstern, die Zeit verhaucht.

Ein Flüstern, das den Frieden bringt,
Das durch das Dunkel sanft durchdringt.
Das Licht, das flüstert, so süß, so sacht,
Bis ein neuer Morgen erwacht.

Erwachen im Sonnenschein

Im sanften Licht des frühen Morgens,
Ein Tag beginnt, voll Hoffnung, geborgens.
Erwachen im Sonnenschein, so klar und hell,
Die Welt erwacht, in einem goldenen Quell.

Die Vögel singen, die Blumen blühn,
In warmem Licht, da fangen sie zu glühn.
Das Leben tanzt im Tau, der leise fällt,
Ein neuer Tag, erstrahlt auf dieser Welt.

Die Wärme des Sonnenscheins, zärtlich und weich,
umhüllt jedes Herz, macht jedes gleich.
Sie trägt die Träume, von Nacht bis Tag,
Bis jedes Auge, das Wunder erkennen mag.

Erwache, Seele, in Sonnenschein gebettet,
Vom ersten Strahl liebevoll umnetzet.
Empfange den Tag, mit offenen Armen,
im Sonnenschein, beseelt und warmen.

Printed in the USA
CPSIA information can be obtained
at www.ICGtesting.com
LVHW010225211123
764466LV00005B/17